Histoire d'un escargot qui découvrit l'importance de la lenteur

DU MÊME AUTEUR
JEUNESSE

*Histoire du chat et de la souris
qui devinrent amis*

Illustré par Joëlle Jolivet

En coédition avec Seuil Jeunesse :

*Histoire d'une mouette et du chat
qui lui apprit à voler*

Illustré par Miles Hyman

Le Monde du bout du monde

Illustré par Lorenzo Mattotti

Poche, Métailié Suites :

*Histoire d'une mouette et du chat
qui lui apprit à voler*

Luis Sepúlveda

Histoire d'un escargot qui découvrit l'importance de la lenteur

Dessins

Joëlle Jolivet

Traduit de l'espagnol (Chili)
par Anne Marie Métailié

Éditions Métailié
2014

Titre original : *Historia de un caracol que descubrió la importancia de la lentitud*

ISBN : 979-10-226-0133-7
ISSN : 0291-0154

Sur cette histoire...

Il y a quelques années alors que nous étions dans le jardin de notre maison, Daniel, mon petit-fils, observait avec attention un escargot. Soudain il me regarda et me posa une question très difficile : pourquoi l'escargot est-il si lent ?

Je lui ai répondu que je n'avais pas de réponse pour le moment et je lui ai promis de lui répondre, je ne savais pas quand, mais je lui répondrais.

Comme je tiens toujours parole, cette histoire essaye de répondre à cette question.

Et, naturellement, je la dédie à mes petits-enfants Daniel, Gabriel, Camila, Aurora, Valentina, et à tous les escargots du jardin.

I

Dans un champ près de ta maison et de la mienne vivait une colonie d'escargots, certains de se trouver au meilleur endroit possible. Aucun n'était allé jusqu'aux limites du pré et encore moins jusqu'à la route goudronnée qui commençait juste à l'endroit où poussaient les derniers brins d'herbe.

Comme ils n'avaient jamais voyagé, ils ne pouvaient pas faire de comparaison, et ainsi ils ignoraient que pour les écureuils le meilleur endroit se trouvait dans la cime des hêtres, ou que pour les abeilles il n'y avait pas d'endroit plus agréable que les ruches de bois alignées à l'autre extrémité du champ. Ils ne pouvaient pas comparer et cela leur était égal, car pour eux ce champ arrosé par les pluies où poussaient en abondance les dents-de-lion – les pissenlits – était le meilleur endroit pour vivre.

Lorsque arrivaient les premiers jours du printemps et que le soleil faisait sentir sa légère caresse tiède, ils se réveillaient de leur léthargie hivernale, un léger effort musculaire leur permettait de soulever suffisamment leur coquille pour sortir la tête et ils étiraient les cornes qui soutenaient leurs yeux. Ils découvraient alors avec joie que le champ était couvert d'herbe, de petites fleurs sauvages et surtout de délicieux pissenlits.

Quelques escargots, les plus vieux, appelaient le champ le « Pays de la Dent-de-Lion », ils appelaient aussi « Foyer » l'acanthe touffue qui surgissait chaque printemps avec une vigueur renouvelée des restes de ses feuilles détruites par la gelée hivernale. Ils passaient une grande partie de leur temps sous ses feuilles, à l'abri du regard avide des oiseaux.

Ils s'appelaient entre eux simplement « escargots », et cela causait parfois quelques confusions qui se résolvaient avec une lente parcimonie. Par exemple si quelqu'un souhaitait parler avec quelqu'un d'autre, il murmurait : « Escargot je veux te raconter quelque chose », et tous les autres tournaient la tête. Ceux qui étaient à droite la tournaient vers la gauche, ceux qui étaient à gauche la tournaient vers la droite, ceux qui étaient devant vers l'arrière et ceux qui étaient derrière tendaient leurs petites têtes en murmurant : « C'est à moi que tu veux raconter quelque chose ? »

Quand cela arrivait, l'escargot qui voulait raconter quelque chose se déplaçait lentement, d'abord vers la gauche, ensuite vers la droite, puis vers l'avant ou vers l'arrière en répétant : « Je regrette, ce n'est pas à toi que je veux raconter quelque chose », jusqu'à ce qu'il arrive près de l'escargot auquel il voulait en effet raconter quelque chose, généralement un événement en rapport avec la vie de la prairie.

Ils savaient qu'ils étaient lents et silencieux, très lents et très silencieux, ils savaient aussi que cette lenteur et ce silence les rendaient vulnérables, beaucoup plus vulnérables que d'autres animaux capables de bouger avec rapidité et de pousser des cris d'alarme. Pour ne pas avoir peur de la lenteur et du silence, ils préféraient ne pas en parler et acceptaient

d’être comme ils étaient avec une résignation lente et silencieuse.

– L’écureuil crie et saute rapidement de branche en branche. Le chardonneret et la pie volent vite, l’un chante, l’autre croasse, le chat et le chien courent vite, l’un miaule, l’autre aboie mais nous, nous sommes lents et silencieux, c’est la vie et il n’y a rien à faire, avaient coutume de murmurer les plus vieux.

Mais parmi eux il y avait un escargot qui, même s’il acceptait une vie très lente au milieu des murmures, voulait connaître les raisons de la lenteur.

2

L'escargot qui voulait connaître les raisons de la lenteur, comme tous les autres, n'avait pas de nom et cela le préoccupait beaucoup. Il lui semblait injuste de ne pas avoir de nom et, quand un des vieux escargots lui demandait pourquoi il voulait avoir un nom, toujours sans élever la voix il murmurait :

Parce que l'acanthe s'appelle « acanthe » et par exemple quand il pleut nous disons que nous allons nous abriter sous les feuilles de l'acanthe. La délicieuse dent-de-lion s'appelle dent-de-lion ou pissenlit et cela fait que quand nous disons que nous allons manger des feuilles de dent-de-lion ou de pissenlit nous ne nous trompons pas et ne mangeons pas des orties.

Mais les arguments de l'escargot qui voulait connaître les raisons de la lenteur n'éveillaient aucun intérêt chez les autres escargots. Ils murmuraient entre eux que les choses étaient bien ainsi, qu'il suffisait de connaître le nom de l'acanthe et de la dent-de-lion, de l'écureuil, de la pie, du champ qu'ils appelaient le Pays de la Dent-de-Lion et ils considéraient qu'ils n'avaient besoin de rien de plus pour être heureux comme ce qu'ils étaient, des escargots lents et silencieux, occupés à conserver l'humidité de leurs corps et à grossir pour supporter le long hiver.

Un jour l'escargot qui voulait connaître les raisons de la lenteur entendit les murmures de deux escargots plus vieux. Ils parlaient du hibou qui vivait dans les branches du hêtre le plus ancien et le plus haut des trois

qui se dressaient sur un des côtés du pré. Ils racontaient qu'il savait beaucoup de choses et que les nuits de pleine lune, sans s'occuper de savoir si on l'écoutait ou pas, il chantait une litanie qui parlait de nombreux arbres appelés noyers, châtaigniers, chênes verts, rouvres, que les escargots n'avaient jamais vus et ne pouvaient pas imaginer.

Il décida de demander au hibou les raisons de la lenteur et lentement, très lentement il se dirigea vers le plus vieux des hêtres. Il sortit de l'abri des feuilles de l'acanthe alors que la rosée faisait briller le pré en reflétant les premières lueurs du matin et arriva au hêtre

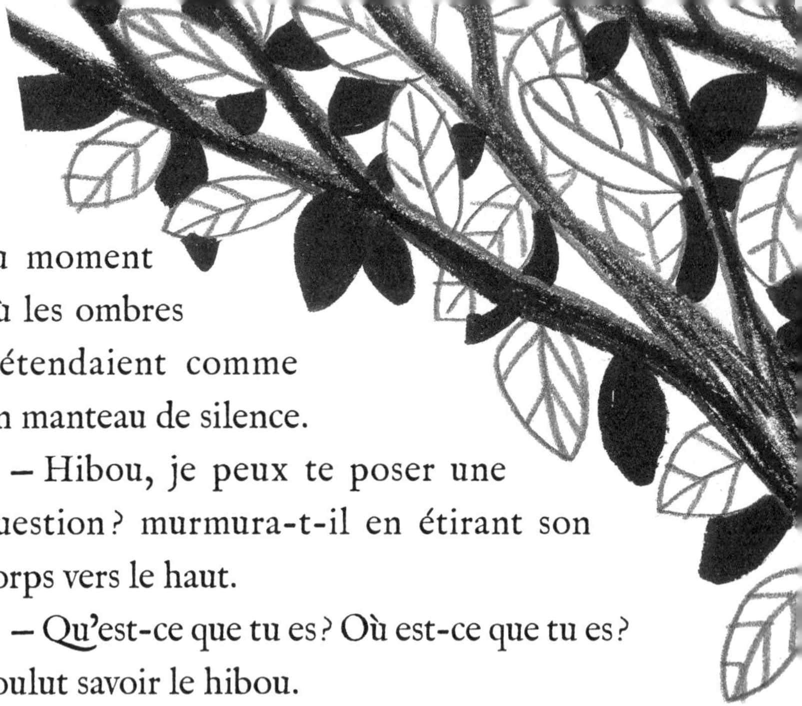

au moment où les ombres s'étendaient comme un manteau de silence.

– Hibou, je peux te poser une question ? murmura-t-il en étirant son corps vers le haut.

– Qu'est-ce que tu es ? Où est-ce que tu es ? voulut savoir le hibou.

– Je suis un escargot et je suis en bas du tronc, répondit-il.

– Il vaudrait mieux que tu montes jusqu'à ma branche, ta voix est aussi faible que le bruit de l'herbe qui pousse. Monte, invita le hibou, et l'escargot commença un autre très lent voyage.

En grimpant vers le haut du hêtre, à peine éclairé par les faibles éclats des étoiles filtrant à travers le feuillage, il passa près d'un écureuil qui dormait enlacé avec ses petits, plus haut il évita le laborieux travail d'une araignée qui tissait sa toile entre les branches et quand,

fatigué par la montée, il atteignit la branche du hibou, la lumière du jour nouveau rendait au hêtre toutes ses nuances et ses couleurs.

– Ça y est, je suis là, murmura l'escargot.

– Je sais, répondit le hibou.

– Tu n'ouvres pas les yeux pour me voir ? murmura l'escargot.

– Je les ouvre la nuit et je vois tout ce qu'il y a, le jour je les ferme et je vois tout ce qu'il y a eu. Quelle est ta question ? demanda le hibou.

– Je veux savoir pourquoi je suis si lent, murmura l'escargot.

Le hibou ouvrit alors ses immenses yeux ronds et observa l'escargot avec attention. Ensuite il les referma.

– Tu es lent parce que tu portes un grand poids, indiqua le hibou.

L'escargot ne trouva pas la réponse convaincante, il n'avait jamais trouvé sa coquille pesante, il n'était pas fatigué de la porter et n'avait jamais entendu un escargot se plaindre de ce poids. Il le dit au hibou et attendit qu'il finisse de tourner sa tête sur son cou.

– Moi, je peux voler et je ne le fais pas. Avant, bien avant que vous les escargots n'habitiez dans la prairie, il y avait beaucoup plus d'arbres que ceux que vous voyez maintenant. Il y avait des hêtres, des châtaigniers, des chênes, des noyers. Tous ces arbres étaient mon foyer, je volais de branche en branche et le souvenir de ces arbres qui ne sont plus me pèse tant que je ne peux plus voler.

Tu es un jeune escargot et tout ce que tu as vu, tout ce que tu as goûté, l'amer et le sucré, la pluie et le soleil, le froid et la nuit, tout cela t'accompagne, tout cela pèse, et comme tu es tout petit, ce poids te rend lent.

– Et à quoi cela me sert d'être aussi lent ? murmura l'escargot.

– Je n'ai pas de réponse pour ça. Tu vas devoir trouver tout seul, dit le hibou, et par son silence il montra qu'il ne voulait plus de questions.

3

Après sa rencontre avec le hibou, l'escargot qui voulait connaître les raisons de la lenteur retourna lentement, très lentement, vers le pied d'acanthe et retrouva les autres escargots en train de faire ce qu'ils appelaient « la coutume ».

Un jour, personne ne se souvenait de quand cela s'était passé, le vent avait apporté jusqu'au pré des feuilles colorées de forme régulière, avec des bords lisses comme on n'en avait jamais vu sur les arbres et les plantes connus. Les feuilles avaient plané, dansé légèrement dans l'air jusqu'à se poser sur l'herbe humide. Sur ces feuilles il y avait des signes noirs étranges et des êtres humains si tranquilles, si petits et si étrangers au danger qu'ils représentaient pour les habitants du pré, que tous les escargots étaient ébahis.

Lentement, très lentement ils avaient parcouru les feuilles tombées en examinant avec attention les êtres humains qui faisaient la queue devant une grande surface pleine de nourriture qui avait l'air délicieuse, car en bas des feuilles on voyait leurs visages réjouis et leurs mains pleines de choses à manger.

– Quelqu'un, je ne sais plus qui, m'a dit

que les humains passent leur vie à répéter des choses, des mouvements et des conduites, et ils appellent ça des coutumes, indiqua un vieil escargot.

– Ça n'a pas l'air mal cette coutume de manger ensemble, dit un escargot, et tous les autres remuèrent leurs petites cornes pour montrer qu'ils étaient d'accord, cette coutume de manger en groupe leur paraissait extraordinaire.

À partir de ce moment ils abandonnèrent l'habitude de manger seuls à n'importe quelle heure, poussés uniquement par la faim, et décidèrent de manger ensemble au coucher du soleil sous les grandes feuilles d'acanthe. Pour rendre la coutume plus agréable ils se partagèrent entre ceux qui murmuraient les questions et ceux qui, toujours en murmurant, donnaient les réponses.

– Qu'est-ce qu'il y a à manger ? demandait l'un.

– Des dents-de-lion. De délicieuses dents-de-lion, répondait un autre.

– J'aimerais manger quelque chose de délicieux.

– Je te recommande la dent-de-lion, répondait un autre.

Grâce à la « coutume », chaque soir sous les feuilles d'acanthe, les escargots se rassemblaient pour manger des petites feuilles de pissenlit et murmuraient à propos du travail infatigable des fourmis, de la prétention des sauterelles qui traversaient le pré à grands bonds sans s'arrêter pour saluer qui que ce soit, et aussi des dangers qui les guettaient. Ils avaient particulièrement peur des chenilles, qui pouvaient affaiblir la force avec laquelle ils se cramponnaient aux feuilles d'acanthe, et des scarabées dont les mandibules puissantes pouvaient briser leur coquille. Mais ils avaient surtout peur des êtres humains. Quand un escargot murmurait « splach ! » et un autre, et puis un autre, tous répétaient le murmure d'alarme, ils savaient qu'à cause de la manière désinvolte des humains de se déplacer en posant leurs grands pieds pesants n'importe où, beaucoup d'entre eux n'arriveraient pas à l'agréable coutume du coucher du soleil.

L'escargot qui voulait connaître les raisons de la lenteur participait chaque soir à la coutume de dîner et de murmurer les faits du jour sous l'acanthe et n'arrêtait pas de demander pourquoi ils étaient lents et pourquoi ils n'avaient pas de noms.

– Voyons, lui répondit un soir un des escargots les plus vieux, que ses questions fatiguaient, nous sommes lents parce que nous ne savons pas sauter comme les sauterelles ni voler comme les papillons. Et pour ce qui est des noms, tu dois savoir que seuls les humains sont capables d'en donner aux choses et aux êtres du pré. Et ça suffit avec ces questions insensées, si tu continues on t'expulsera du pré.

L'escargot qui voulait connaître les raisons de la lenteur et avoir un nom fut blessé par cette menace. Il fut aussi blessé qu'aucun des autres escargots ne le soutienne ou ne le défende. Et il fut encore plus blessé que certains murmurent : « Oui, c'est ça, qu'il s'en aille, nous voulons vivre tranquilles. »

Alors il étira son cou le plus possible, agita les cornes de ses yeux pour les regarder un par un et, haussant le ton de son murmure autant que le lui permettait sa petite bouche, il dit :

– D'accord, je vais partir, et je ne reviendrai que lorsque je saurai pourquoi nous sommes lents et quand j'aurai un nom.

4

Sans cesser de manger, les autres escargots virent comment l'escargot qui voulait connaître les raisons de la lenteur et qui voulait aussi avoir un nom s'éloignait lentement, très lentement, jusqu'à disparaître derrière les plus hautes herbes du pré.

Lorsque le crépuscule fit place à l'obscurité et que les herbes et les plantes humides de rosée reflétèrent l'éclat des étoiles, il décida de chercher un endroit sûr pour passer la nuit, une surface lisse où coller son corps et s'enfermer à l'intérieur de sa coquille. Lentement, très lentement, il s'avança d'abord vers un côté et comme il ne trouvait que des herbes il changea de direction, jusqu'à ce que ses petits yeux voient une pierre très haute qui lui parut être un merveilleux refuge. Lentement, très lentement il grimpa, et en arrivant au sommet il choisit l'endroit le plus lisse. Alors il étira ses muscles pour couvrir l'espace de l'entrée de sa coquille, puis il les contracta. Il s'assura par quelques mouvements qu'il était bien collé et se disposa à dormir.

À l'intérieur de la coquille l'obscurité était totale. Son cou, sa tête, ses petites cornes et ses yeux formaient un corps compact et adapté à la forme de la cavité, mais ses pensées l'empêchaient de trouver le sommeil.

Il pensait qu'il avait commis une erreur en abandonnant le groupe et la sécurité du pied d'acanthe, mais en même temps quelque chose, une voix qui n'était pas la sienne, lui répétait que la lenteur devait bien avoir une raison et qu'avoir un nom à lui, rien qu'à lui, un nom qui le rendrait unique, singulier, cela serait formidable.

Il pensait à ça quand il sentit que la pierre bougeait, de façon presque imperceptible, mais elle bougeait. Il avait entendu de vieux escargots raconter des histoires terribles sur un animal appelé hérisson qui avait un corps couvert de piquants et était capable de retourner les pierres très lourdes quand il cherchait de la nourriture.

La pierre bougea de nouveau et il entendit une voix fatiguée, très fatiguée.

– Qui... est monté... sur moi ?

Les vieux escargots avaient aussi raconté que le vent en passant dans les joncs avait une voix terrible, mais la voix qui venait d'en bas ne l'effrayait pas.

– Tu es une pierre qui parle ? murmura-t-il.

– Une... pierre... qui parle ? Si... c'est comme ça... que tu me vois... ça m'est égal... ce n'est pas une injure... et toi... qui es-tu ?

– Je suis un escargot et je me suis collé sur toi pour passer la nuit. Tu permets ?

– Un escargot... oui... tu peux rester... toi et moi nous nous ressemblons...

Après avoir dit ça, la pierre remua pour s'installer sur l'herbe et l'escargot se demanda ce qu'elle voulait dire par se ressembler.

– Pourquoi tu parles si lentement ? Tu es comme moi, un être lent ?

– Je parle... comme ça... lentement... parce que j'ai le temps... beaucoup de temps... dors bien, escargot...

L'escargot lui posa des questions qui ne trouvèrent pas de réponses et il s'endormit confiant. La surface lisse sur laquelle il s'était collé laissait entendre le léger son d'une respiration calme, la satisfaction d'un être qui dormait protégé par les étoiles.

Il s'éveilla en sentant que la pierre ou l'être lent bougeait. Lentement, très lentement, il détendit ses muscles, sortit la tête, étira les petites cornes portant ses yeux et vit qu'il était sur une surface très belle, presque aussi belle que le tapis de mousse qui couvrait les pierres de la partie la plus humide du pré.

– C'est toi qui décides, escargot... ou tu descends ou je t'emmène, dit la voix fatiguée.

Lentement, très lentement il descendit jusqu'aux herbes et alors il découvrit qu'il n'avait pas passé la nuit sur une pierre qui parlait mais sur un être pourvu d'une carapace dure d'où dépassaient quatre pattes très robustes, un cou plein de plis, une bouche qui n'intimidait pas et des yeux à demi fermés qui l'observèrent avec attention.

– Je suis... une... tortue, s'exclama-t-elle en voyant que l'escargot étirait son cou pour la regarder.

L'escargot n'avait jamais vu un animal aussi grand qui ne faisait pas peur. Il le lui dit, la tortue rapprocha sa tête pour entendre ses murmures et lui raconta qu'elle allait encore grandir beaucoup. Avec sa façon lente et parcimonieuse de parler, comme si elle cherchait des mots plus précis dans un effort qui la fatiguait, elle lui raconta qu'elle aussi avait été un être petit et craintif, qu'elle était parente des grandes tortues des Galápagos, aux vies si longues, qui avaient besoin de corps immenses pour conserver le souvenir de tout ce qu'elles avaient vu, entendu, craint, aimé, des raisons de la colère et de la joie, de la chaleur et du froid, du feu terrifiant et de l'eau rafraîchissante.

La tortue se mit à avancer et à chaque pas, même si elle bougeait lentement, très lentement, elle obligeait l'escargot à un effort immense pour rester près de sa tête. Très vite il fut exténué et il lui demanda la permission de remonter sur sa carapace.

– Je ne peux pas suivre ton rythme, pour moi tu es très rapide.

– Moi... rapide... c'est la... première... fois... qu'on me dit ça. Oui, escargot... monte, répondit la tortue.

Une fois installé derrière la tête de la tortue, il lui demanda où elle allait, et la tortue lui répondit que ce n'était pas une bonne question, qu'en réalité il aurait dû lui demander d'où elle venait. Ainsi, tandis que la tortue avançait et que l'escargot sentait que les herbes du pré défilaient avec une rapidité pour lui inconnue, elle lui raconta qu'elle venait de l'oubli des êtres humains.

– Je ne sais pas ce qu'est l'oubli et je ne connais pas non plus les êtres humains, susurra l'escargot.

Alors la tortue ralentit le pas et parla dc son arrivée heureuse dans une maison où ne manquaient jamais les feuilles de laitue fraîche, la chair juteuse de la tomate et le sirop de fraise. Un petit d'humain s'occupait d'elle, la gâtait, et on lui avait même préparé un confortable lit de paille au bout du jardin. Les jours de grand soleil ce jardin était son monde et quand la pluie froide raccourcissait

les jours, puis quand la neige transformait la cour en une surface inhospitalière, les petits d'humains la rentraient dans la maison et la laissaient dormir dans un coin tiède et accueillant.

– On ne peut pas dire que tu vivais mal, commenta l'escargot.

– Je ne... me... plains pas... mais les humains grandissent... et... oublient, soupira la tortue et elle lui rapporta comment, avec le temps, à mesure que les petits d'humains devenaient des jeunes puis des adultes, les attentions se firent rares, la nourriture manqua, jusqu'à ce qu'on la considère comme une présence gênante dont il fallait se séparer, et on finit par l'abandonner dans la prairie.

L'histoire de la tortue attrista l'escargot et il devint encore plus triste quand, cherchant lentement parmi les nombreux mots qu'elle connaissait, elle lui dit qu'elle traversait ce pré, parmi des êtres étranges, parfois aimables, parfois hostiles, toujours loin de ce qui avait été son foyer et en direction d'un lieu incertain qui avait pour nom le plus cruel des mots. Il s'appelait l'exil.

– Je peux t'accompagner ? murmura l'escargot.

– Dis-moi... d'abord... ce que tu cherches, répondit la tortue, et l'escargot lui raconta qu'il désirait connaître les raisons de la lenteur, qu'il voulait aussi avoir un nom parce que l'eau qui tombe du ciel s'appelle pluie, les fruits de la ronce épineuse s'appellent mûres et l'arôme qui coule des rayons de cire s'appelle miel. Et il lui raconta aussi que sa question et son désir mettaient en colère les autres escargots, qu'ils l'avaient menacé de l'expulser du pré et qu'il avait décidé de s'en aller et de ne pas revenir tant qu'il n'aurait pas une réponse et un nom.

La tortue chercha avec plus de calme que d'habitude les mots pour répondre et elle lui raconta que pendant son séjour chez les êtres humains elle avait appris beaucoup de choses. Elle lui raconta que quand un être humain posait des questions embarrassantes du genre « Est-il nécessaire d'aller si vite ? » ou « A-t-on vraiment besoin de tant de choses pour être heureux ? », ils l'appelaient rebelle.

– Rebelle, j'aime ce nom ! murmura l'escargot. Est-ce que les humains t'ont donné un nom ?

– Oui... comme je n'ai... jamais... oublié le chemin de l'aller... et du retour... ils m'ont... appelée... Mémoire... mais... ils m'ont oubliée.

– Alors, Mémoire, on reste ensemble ?

demanda l’escargot.

– D’accord... Rebelle... répondit la tortue et, tournant lentement, très lcntement son corps elle lui indiqua qu’ils allaient revenir sur leurs pas parce qu’elle allait lui montrer quelque chose d’important. Quelque chose qui lui ferait comprendre qu’ils suivaient le même chemin même avant de se connaître.

5

Le soleil se trouvait au milieu du ciel lorsqu'ils arrivèrent à la limite du champ que les escargots les plus vieux appelaient la fin de la vie. C'était une surface sombre, lisse qui s'étendait comme un morceau de nuit resté collé au sol en recouvrant les herbes et les fleurs sauvages.

De l'autre côté de la bande obscure on voyait des êtres humains occupés à mettre ce qui pour l'escargot ressemblait à des pierres les unes sur les autres. Étonné l'escargot murmura que les humains étaient aussi diligents que les abeilles lorsqu'elles construisent un rayon de miel, et la tortue, en recherchant les mots au fond de sa mémoire, lui expliqua que ces humains étaient en train de construire les maisons dans lesquelles allaient vivre d'autres humains, grands et petits, qui viendraient porter leurs affaires sur de grands animaux avec des pattes circulaires fortes, rapides et poussées par des cœurs de métal.

– Peut-être qu'ils ont tracé une limite. De ce côté de la bande sombre les êtres humains et de l'autre les êtres de la prairie, murmura l'escargot.

– ... Ce n'est pas... si simple... Rebelle... regarde sur les côtés...

Juché sur la carapace de la tortue, l'escargot étira autant qu'il pouvait son cou et les petites cornes de ses yeux. Ce qu'il vit aux deux extrémités de la bande sombre le fit frissonner et chercher en vain parmi les mots qu'il connaissait. La tortue sentit le désarroi de l'escargot et avec son calme imperturbable lui expliqua que la bande sombre s'appelait route, ou chemin, que les grands animaux près des humains s'appelaient machines et que l'ombre épaisse et sombre qu'ils crachaient s'appelait asphalte. Les humains ne se déplaçaient pas avec leurs pieds, ils les trouvaient trop lents et préféraient le faire sur des animaux de métal, et plus ils étaient rapides, plus ils les admiraient. Ce qu'il voyait, c'étaient des hommes en train de recouvrir le pré d'asphalte pour que leurs animaux puissants puissent s'y reposer.

– Je ne sais pas ce que je sens mais cela ne me plaît pas, murmura l'escargot.

– … Cela s'appelle… la peur… Rebelle… la peur…

– Alors, ne m'appelle pas Rebelle. Je croyais que ce nom me donnerait du courage, beaucoup de courage.

La tortue, d'un mouvement lent, très lent, fit demi-tour et revint dans le pré. Tandis qu'elle bougeait, avec l'escargot sur son dos, elle lui expliqua qu'il ne fallait pas craindre la peur et, en cherchant dans tout ce qu'elle savait, elle lui raconta que les humains disaient qu'un vrai rebelle ressentait la peur, mais qu'il la dominait.

Quand les étoiles leur conseillèrent de s'arrêter de marcher et de se reposer, ils mangèrent avant de s'endormir. La tortue mâcha parcimonieusement des petites fleurs de pissenlit et l'escargot de délicieuses feuilles de dent-de-lion.

– Qu'est-ce que… tu vas faire… Rebelle ? demanda la tortue.

– Je ne sais pas. Je ne sais pas si je veux

connaître les raisons de ma lenteur ou bien revenir près de mes camarades et les prévenir de l'obscur danger qui menace le pré.

La tortue lui dit en mâchant les derniers pétales de pissenlit que s'il n'avait pas été un escargot lent, très lent, et que si, au lieu de sa lenteur, il avait le vol rapide du milan, la rapidité de la sauterelle qui traverse d'énormes distances en sautant, ou l'agilité de la guêpe qui est et n'est plus là avant que le regard se pose sur elle, peut-être que cette rencontre entre deux êtres aussi lents que peuvent l'être un escargot et une tortue n'aurait jamais eu lieu.

– ... Tu comprends... Rebelle ?... conclut la tortue en fermant les yeux.

– Je crois que oui. Ma lenteur m'a servi à te rencontrer, à ce que tu me donnes un nom, que tu me montres le danger, et maintenant je sais que je dois prévenir les miens.

– ... Cette... détermination... fait... de toi... un... rebelle...

Ils se disposaient à dormir, l'escargot essaya de grimper sur la carapace de la tortue, mais celle-ci lui dit qu'elle préférait dormir à côté de lui et c'est ce qu'ils firent. L'escargot attendit que la tortue replie ses quatre pattes, que son cou rugueux, sa tête et son corps disparaissent dans la carapace, pour tendre ses muscles, se coller à l'herbe et s'installer dans la cavité de sa coquille.

Il eut un sommeil agité. Il vit comment la masse sombre crachée par les machines gagnait tout le pré, couvrait les acanthes et comment ses compagnons disparaissaient avalés par la plus noire des fatalités.

La caresse tiède du soleil coulant à travers la mince paroi de sa coquille le réveilla. Lentement, très lentement il sortit son cou, ensuite il étira les petites cornes de ses yeux, et en les ouvrant il découvrit que la tortue n'était plus là.

Une trace d'herbes écrasées montrait la direction qu'avait prise la tortue, à l'opposé des acanthes.

– Merci, je t'emporterai toujours avec moi, Mémoire, murmura l'escargot, et lentement, très lentement il se mit en marche pour retrouver les siens.

6

Pendant le trajet vers les bouquets d'acanthes, l'escargot rencontra soudain des fourmis en file ordonnée qui transportaient de petites gouttes de miel. Conformément aux règles respectées par tous les êtres de la prairie, il s'arrêta, car s'il croisait sans les avertir le sentier qu'elles avaient tracé, sa trace humide les désorienterait.

– Fourmis, je dois croiser votre sentier et avertir les miens d'un grand danger, murmura-t-il en inclinant la tête presque jusqu'au sol.

– Et quel est ce grand danger ? On peut savoir ? Gardez les rangs ! demanda une fourmi, un peu plus vieille que les autres, qui ne transportait rien et surveillait énergiquement celles qui travaillaient.

L'escargot leur parla alors des êtres humains et de la façon dont ils avaient commencé à recouvrir une extrémité du pré avec une couche de quelque chose d'épais et de plus sombre que la nuit sans étoiles.

– Ça a l'air très grave mais je ne peux pas décider quoi faire. Ma fonction, c'est de conduire les porteuses jusqu'à la fourmilière. J'ai dit : gardez les rangs ! Viens avec moi et parle avec la reine.

L'escargot se mit à avancer près de la fourmi, mais il ne put pas suivre le rythme frénétique de ses pattes, et il la vit le dépasser. Il avança lentement, très lentement, et quand il arriva à la fourmilière la reine l'attendait entourée de sa suite.

– Tu en as mis du temps. On ne fait pas

attendre une reine, le réprimanda la fourmi qui l'avait précédé, mais la reine lui ordonna de se taire et s'approcha de l'escargot.

– Tu es sûr de ce que tu dis ? C'est vrai que les hommes couvrent le pré d'une couche plus sombre que la terre profonde ?

– Pour le malheur de tous les êtres de la prairie, c'est vrai. Une tortue nommée Mémoire m'a emmené jusqu'aux limites de la prairie et je l'ai vu.

– Ce n'est pas la première fois que ça nous arrive. Exode ! ordonna la reine, et immédiatement les fourmis commencèrent à sortir de la fourmilière chargées de petits bouts de feuilles, de gouttes de miel, de graines, tous les aliments qu'elles entreposaient dans leurs galeries souterraines.

– Nous remercions ta lenteur, escargot, car si tu étais rapide comme le lapin, ou si tu glissais avec la vivacité de la couleuvre, tu ne nous aurais pas vues et prévenues. Tu as un nom ?

– Je m'appelle Rebelle, c'est le nom que m'a donné Mémoire.

– Mémoire, Rebelle, merci, dit la reine et aux cris de « Exode ! Exode ! » elle rejoignit la longue file des fourmis qui abandonnaient la fourmilière.

Avant que le soleil ne caresse le pré de ses derniers rayons, l'escargot prévint du danger les scarabées, qui, dès qu'ils furent avisés, le remercièrent aussi de sa lenteur, car s'il avait été rapide comme les lézards ou les criquets il ne les aurait ni vus ni avertis.

L'escargot vit comment les scarabées se pressaient d'abandonner leurs terriers et s'éloignaient en bon ordre en poussant devant eux leurs boulettes de nourriture.

Rebelle l'escargot, qui avait maintenant un

nom et commençait à connaître les raisons de sa lenteur, était épuisé, et il décida de se reposer avant d'aller voir les siens qui, ignorants du danger, devaient être en train de faire la coutume – manger en groupe sous les feuilles d'acanthe. Avant de rentrer son corps à l'intérieur de sa coquille, il remarqua que beaucoup d'êtres nocturnes remuaient.

Les vers de terre craignant le soleil rampaient en laissant des traînées d'humidité sur l'herbe, les vers luisants eux aussi en fuite volaient à très basse altitude pour éclairer la marche des chenilles, et les petites grenouilles vertes des prés sautaient en coassant à la recherche d'une mare.

Rebelle commença à sentir la bonne somnolence de la fatigue et au moment où il était sur le point de s'endormir il entendit une petite voix qui venait de très loin sous l'herbe.

– C'est toi l'escargot dont on parle tant ? dit la voix.

– Oui, et toi ? Qui es-tu ? murmura-t-il.

Alors, tout près de lui, le sol se souleva légèrement, l'herbe céda la place à un monticule de terre remuée, et un être au nez pointu sortit la tête.

– Je suis une taupe. Il y a des êtres qui volent au-dessus du pré, d'autres qui vivent au ras de l'herbe et d'autres encore qui vivent sous la terre. C'est vrai que les humains vont tout recouvrir avec une couche de glace noire ?

Il répondit que malheureusement oui, c'était vrai, et après l'avoir remercié la taupe disparut sous le monticule en annonçant à ses camarades qu'ils allaient devoir beaucoup creuser.

Rebelle l'escargot qui avait maintenant un nom et connaissait de mieux en mieux les raisons de sa lenteur, se prépara à nouveau à dormir, mais ne réussit pas à retrouver le sommeil car une série de questions s'étaient aussi installées dans sa coquille.

Et si ses compagnons ne le croyaient pas ?

Et si sous les feuilles d'acanthe on prenait son annonce comme une bizarrerie gênante, comme ils l'avaient fait pour son désir d'avoir un nom et de connaître les raisons de la lenteur ? Et dans le cas où ils le croiraient et accepteraient la nécessaire perte de leur foyer, le Pays de la Dent-de-Lion, où iraient-ils ?

7

Sous les feuilles d'acanthe, les escargots, ignorant tout du danger qui les guettait, tournèrent à peine la tête pour regarder celui qui s'approchait.

– On dirait que tu n'es pas allé bien loin, murmura un vieil escargot.

– Tu viens pour manger ou pour poser de nouvelles questions ? ironisa un autre sans cesser de manger les feuilles de dent-de-lion.

– Si je me souviens bien, tu as dit que tu reviendrais quand tu aurais un nom et que tu connaîtrais les raisons de la lenteur. Tu as quelque chose à nous dire ? ajouta avec malice un autre escargot.

Sans se préoccuper de leurs regards méprisants, Rebelle avança lentement jusqu'à l'ombre accueillante des feuilles d'acanthe et leur rapporta la rencontre avec la tortue appelée Mémoire.

– Quelle rencontre intéressante ! Un être lent du pré qui rencontre un autre être aussi lent que lui. Et qu'est-ce que vous avez fait ? Une compétition de lenteur ? se moqua un autre des vieux escargots.

Un fois de plus Rebelle ignora les commentaires blessants et leur raconta tout ce qu'il avait vu, comment les humains envahissaient le pré et le couvraient d'une étouffante couche noire qui ne provoquait que la tristesse. Cette fois ses paroles éveillèrent l'attention et l'inquiétude des escargots les plus jeunes, mais les plus vieux virent que cela mettait en danger leur autorité.

– Personne d'entre nous n'a jamais vu ce

dont tu parles et on sait que les tortues ont tendance à inventer des choses qui n'existent pas, indiqua l'un d'eux.

– Et si c'était vrai, rien n'indique que les humains ont l'intention d'aller jusqu'aux acanthes, dit un autre des plus vieux escargots.

– Nous n'abandonnerons jamais notre endroit sous les acanthes. Nous ne quitterons jamais le Pays de la Dent-de-Lion, assura un autre des vieux escargots.

Alors Rebelle leur parla des autres êtres de la prairie. Il leur dit que les fourmis, les scarabées, les vers luisants et les taupes quittaient le pré et qu'à son avis il fallait faire de même.

– C'est intolérable. Tu es un rebelle et j'exige que tu prouves ce que tu dis. Dans le cas contraire, tais-toi et va-t'en pour toujours, ordonna le plus vieux de tous les escargots.

Rebelle pensa que la lenteur de ses compagnons les empêcherait d'arriver à temps pour voir comment les autres créatures du pré s'en allaient en portant ou en poussant leurs provisions, mais pendant qu'il réfléchissait ses yeux se posèrent sur les longues tiges de la fleur d'acanthe qui offrait au ciel ses épais pétales violets.

– Montez avec moi, murmura-t-il.

Lentement, très lentement Rebelle commença à monter sur une tige que le vent agitait à peine. Quelques jeunes escargots le suivirent, et pour ne pas perdre leur autorité quelques vieux le firent aussi.

Ils mirent le temps sans mesure des êtres lents pour arriver jusqu'aux parties les plus hautes des tiges. Il n'était pas facile d'accrocher leurs corps aux pétales et quand tous orientèrent les petites cornes de leurs yeux vers l'extrémité du pré, ce qu'ils virent les emplit d'angoisse.

Patiemment, se souvenant des paroles de Mémoire, Rebelle leur dit que les formes étranges qui se trouvaient près des humains s'appelaient des machines et que la fumée épaisse qui empêchait de voir au-delà, c'était

l'herbe qui brûlait sous la couche noire, d'abord épaisse et molle comme la boue fraîche et ensuite aussi solide et impénétrable que les pierres.

– Ils sont tout près, susurra le plus vieux des escargots, et dans sa voix la peur remplaçait l'arrogance.

– Fuyons ! Fuyons ! dirent les escargots les plus jeunes, et lentement, très lentement ils entreprirent la descente.

De retour sous les feuilles d'acanthe tous les escargots regardaient avec respect celui qui les avait avertis du danger.

– Tu avais raison. Tu as appris beaucoup de choses dans ton voyage et tu devras nous guider dans l'exode. Avant de partir tu as dit que tu ne reviendrais pas tant que tu n'aurais pas un nom. Tu as réussi à en avoir un ? demanda le plus vieux des escargots.

– Tu l'as dit avant de monter sur les tiges. Rebelle, c'est mon nom, celui que m'a donné Mémoire.

– Où va-t-on aller ? demanda un des jeunes escargots.

– Nous allons quitter le Pays de la Dent-de-Lion, mais nous en trouverons un autre. Partons vers un nouveau Pays de la Dent-de-Lion, affirma Rebelle.

Et lentement, très lentement, en disant douloureusement adieu au foyer perdu, les escargots commencèrent à s'éloigner du bouquet d'acanthes.

8

Le groupe d'escargots avançait lentement, très lentement parmi les herbes. Ils étaient tristes et ils sentaient que la tristesse s'installait en eux comme un poids modeste qui rendait leur coquille plus lourde. Aucun n'osait murmurer son désarroi et, alors qu'en tournant la tête ils ne pouvaient plus voir les acanthes regrettées, l'un d'eux remarqua qu'ils se dirigeaient vers les limites de la prairie, c'est-à-dire dans la direction des humains.

– Un instant. Quelle sorte de chef es-tu ? Tu nous conduis vers le danger, susurra-t-il en provoquant une inquiétude plus grande dans le groupe.

Rebelle s'arrêta et leur rappela que les oiseaux et les écureuils qui habitaient le plus vieux hêtre avaient l'habitude de s'installer dans ses branches pour regarder le soleil descendre dans son refuge, que les lapins et les grenouilles du pré faisaient aussi la même chose.

– Beaucoup d'êtres remercient en silence la tiédeur qu'ils ont reçue, même les fleurs se ferment lentement pour garder une dernière chaleur, mais nous, les êtres de l'ombre, nous ne nous arrêtons jamais pour regarder le soleil s'éloigner de l'obscurité, dit Rebelle.

– C'est comme ça, nous évitons le soleil parce que notre vie dépend de l'humidité de nos corps. Mais je ne comprends toujours pas pourquoi tu nous mènes du côté des humains, objecta un vieil escargot.

– Parce que pendant mon voyage avec Mémoire j'ai bien observé les humains et j'ai vu qu'ils n'étendent pas la couche noire qui couvre tout de l'autre côté de leurs coquilles de bois et de pierres qu'ils appellent des maisons. Peut-être que les humains aussi aiment regarder le soleil descendre jusqu'à son nid de feu.

– Peut-être ! Peut-être ! Ça veut dire que tu nous conduis vers un endroit que nous n'avons jamais vu, où nous arriverons peut-être, sans en avoir la moindre certitude, s'exclama indigné un autre des vieux escargots.

– Moi je crois que nous n'aurions pas dû quitter les acanthes, que les humains n'arriveront pas jusqu'ici, que nous devons peut-être abandonner cette aventure insensée, ajouta un autre des vieux escargots.

– Oui, revenons à l'endroit que nous n'aurions jamais dû quitter ! dirent en chœur plusieurs escargots, et le groupe se sépara. Presque tous les escargots les plus vieux prirent lentement, très lentement le chemin du retour vers le bouquet d'acanthes, et les plus jeunes tournèrent les petites cornes de leurs yeux vers Rebelle.

– C'est vrai, je n'ai pas la certitude de trouver le nouveau Pays de la Dent-de-Lion. C'est vrai, je ne sais pas où il se trouve ni dans combien de temps nous arriverons. C'est vrai, je ne sais pas si nous rencontrerons de grands dangers et si nous arriverons tous

au bout. Mais je sais que ce nouveau Pays de la Dent-de-Lion est devant nous, et pas derrière nous. Je vais continuer, vous pouvez soit m'accompagner, soit revenir sur vos pas.

Lentement, très lentement Rebelle continua d'avancer et, en tournant la tête, il vit que tous les escargots le suivaient. Il ne ressentit ni orgueil ni bonheur. Il aurait préféré qu'ils ne le suivent pas car alors il n'aurait été responsable que de son propre sort. Les escargots avaient confiance en lui et cela lui fit très peur, mais alors il se souvint que Mémoire disait qu'un vrai rebelle sentait la peur mais la dominait, et lentement, très lentement il continua à avancer sur l'herbe.

9

Les premières ombres effaçaient la présence des herbes et des fleurs sauvages quand les escargots arrivèrent à la bande dure et sombre que les hommes appelaient route.

– Quelle peur ! Rien ne pousse sur la couche noire, murmura l'un des escargots.

– Qu'est-ce qu'on fait maintenant ? demanda un autre.

– On attend que les humains se reposent. Mémoire m'a appris que, comme nous le faisons dans la cavité de nos coquilles, les humains dorment dans leurs maisons. Ils installent leurs corps et se reposent, répondit Rebelle.

Les maisons des humains avaient des trous remplis de lumière, comme si tous les vers luisants se trouvaient à l'intérieur. Les escargots avaient faim et, après avoir goûté quelques feuilles des herbes qui poussaient au bord du chemin, ils renoncèrent à les manger. Elles avaient un goût étrange et désagréable, semblable à la puanteur qui venait de la surface noire qui s'étendait devant eux.

Les étoiles brillaient et appelaient au silence nocturne lorsque les trous des maisons s'éteignirent. Rebelle savait qu'ils devaient trouver rapidement le nouveau Pays de la Dent-de-Lion car l'obscurité des nuits serait de plus en plus longue, l'air de plus en plus froid, et il fallait qu'ils se nourrissent pour supporter l'hibernation à l'abri du gel et de la neige.

– Maintenant, murmura Rebelle, et pour la première fois son corps toucha la dure couche noire qui couvrait ce qui, jusqu'à il y a peu, était un pré fertile.

La surface lui parut dure et rêche, la puanteur qu'elle dégageait gênait son odorat, mais elle était uniforme, sans obstacles à escalader ou à éviter, et même s'ils bougeaient lentement, très lentement, cette uniformité leur permettait de se déplacer avec une certaine facilité.

– Je sens une chaleur très agréable, murmura un escargot, et il s'arrêta.

– C'est vrai, c'est une tiédeur qui pénètre mon corps, dit un autre, et il s'arrêta.

– C'est très agréable, cette chaleur. Pourquoi on ne s'arrête pas jusqu'à ce que le soleil se lève ? demanda un troisième, et Rebelle se souvint que Mémoire lui avait raconté que, comme elle était sombre, cette couche ne reflétait pas les rayons de soleil et retenait la chaleur. Et c'était là le piège, lui avait expliqué Mémoire. Certains êtres du pré, comme les hérissons, avaient succombé à la chaleur de ce sol aride : ils s'étaient laissé vaincre par la torpeur et devenaient alors des proies faciles pour les énormes animaux dans lesquels se déplaçaient les humains.

– Non, il faut continuer sans s'arrêter, il faut faire un effort et arriver de l'autre côté, dit Rebelle quand brusquement un puissant rugissement les paralysa d'effroi.

Depuis le bout du chemin s'approchait à toute vitesse un être aux yeux brillants qui les baigna d'une lumière aveuglante, passa rapide comme le vent des tempêtes et, quand il s'éloigna, ils virent que plusieurs d'entre eux n'étaient plus là.

Tremblant de panique comme tous ses compagnons, Rebelle donna l'ordre de continuer sans s'arrêter, avant que cet animal terrifiant ou un autre ne passe de nouveau.

Ce fut une marche pénible, personne ne susurrait autre chose que sa peur ou son remords de l'avoir suivi et, en arrivant sur l'autre rive de la route, ils cherchèrent refuge dans une caverne circulaire et froide d'où coulait un filet d'eau. Ils collèrent leurs corps aux parois de la caverne et s'endormirent recrus de fatigue, de douleur.

Tous les escargots dormaient, excepté Rebelle, resté à l'entrée de la caverne, attentif, les petites cornes de ses yeux tournées vers l'obscurité de la nuit.

La fatigue s'empara de lui et il se préparait à accommoder son corps dans la cavité de sa coquille quand le bruit de quelque chose qui remuait l'air le surprit. Un oiseau se posa à l'entrée de la caverne.

– Escargot, n'aie pas peur ! dit l'oiseau.

Rebelle sortit lentement, très lentement, de la caverne et reconnut le hibou qui habitait le plus vieil hêtre du pré.

– Mais tu voles ! Tout ce que tu as vu ne te pèse plus ?

– Cela me pèse plus qu'avant, mais je dois voler, répondit le hibou et, mettant sa tête sous son aile pour cacher sa peine, il lui dit qu'aucun des trois hêtres n'existait plus, que les humains et leurs machines étaient plus rapides que tous les êtres de la prairie.

– Et les acanthes ? s'enhardit à demander Rebelle.

– Elles non plus n'existent plus. Il reste très peu de choses du pré que nous avons connu, répondit le hibou avec une tristesse encore plus grande.

– Je crois que nous allons rester dans cette caverne, au moins nous sommes à l'abri.

– Ce n'est pas une caverne et vous n'êtes pas à l'abri, répondit le hibou, et il lui expliqua qu'ils étaient dans une chose des humains,

une sorte de ver gros et long connecté à une bouche métallique qui, sur l'ordre des humains, laissait passer un puissant torrent d'eau.

– J'ai échoué, je n'emmènerai jamais mes compagnons dans le nouveau Pays de la Dent-de-Lion. Si je savais autant de choses que toi... mais je ne suis qu'un escargot lent, très lent, se lamenta Rebelle.

– Ma nature, c'est d'observer et de savoir. Ne te plains pas d'être lent, escargot. Grâce à la lenteur, j'ai appris, d'une tortue qui tournait la tête à chaque pas pour voir si elle

du manque de nourriture en vue. Tous avaient faim et, même si le désir de trouver le nouveau Pays de la Dent-de-Lion leur donnait la force de continuer, ils voyaient dans la chute continue des feuilles un signal qui leur rappelait la nécessité de trouver un endroit sûr, humide et obscur pour l'acte de fécondation.

Les escargots savaient que la vie donnait à d'autres êtres des prairies des différences nettes et reconnaissables. Ainsi, par exemple, chez les araignées, le mâle est plus petit que la femelle. Pour eux en revanche, la vie avait décidé que dans la cavité de leur coquille ils porteraient ces deux différences qui en s'unissant en donneraient une troisième.

Très peu avant l'arrivée du gel et de la neige, les escargots sentaient l'appel irrésistible de la vie et le besoin de la continuer. Alors, après un lent, très lent rituel de frottement de leurs petites cornes, ils disposaient leurs corps pour prolonger leur descendance.

D'abord un escargot déposait dans un autre les minuscules gouttes à féconder et ensuite l'autre lui faisait la même chose. Ensuite ils creusaient un trou profond et y déposaient les œufs des futurs escargots, protégés par l'humidité profonde et à l'abri des prédateurs.

Rebelle savait que ce moment approchait. Il fallait d'urgence trouver un refuge sûr et à manger.

Lentement, très lentement les arbres et les taches de mousse se succédaient. La marche devenait de plus en plus lente et pénible, et la clairière dont parlait le hibou paraissait très lointaine.

Ils avancèrent jusqu'à ce que l'obscurité enveloppe le bois. Pour les escargots cette obscurité était inconnue, ils avaient beau étirer les petites cornes de leurs yeux, ils ne voyaient pas les étoiles.

– On ne voit plus la mousse des troncs, reposons-nous ici jusqu'à ce que la clarté revienne, murmura Rebelle.

– Qu'est-ce que ça peut faire ? On ne trouvera jamais le nouveau Pays de la Dent-de-Lion, se lamenta un escargot.

– Faire confiance à un vieux hibou, quelle idée ! Tu t'es trompé ! accusa un autre.

– Sous les feuilles nous serons à l'abri, susurra Rebelle, mais seulement quelques-uns de ses compagnons suivirent le conseil. Les autres se laissèrent simplement vaincre par la fatigue et la faim, sans autre protection que leurs coquilles.

Quand la faible lumière des premières heures du jour arriva dans le bois, Rebelle et

ses compagnons sortirent du tapis de feuilles sous lequel ils avaient dormi, et ce qu'ils virent leur causa une grande douleur. Des escargots qui ne s'étaient pas cachés ne restaient que les coquilles vides. Ils ne connaissaient ni le bois ni les êtres qui l'habitaient, ils en ignoraient les dangers et il leur fallait trouver la clairière s'ils voulaient survivre.

Lentement, très lentement, avec toujours Rebelle à leur tête, les escargots continuèrent leur marche, mais la faim commença à faire des dégâts dans la volonté de quelques-uns et, au lieu de continuer, ils préféraient se replier dans leur coquille et dormir sans rêves et sans espoir.

– Le Pays de la Dent-de-Lion nous attend. Nous arriverons au Pays de la Dent-de-Lion, murmurait Rebelle, et dans ces mots il trouvait la force de continuer.

II

Lorsque enfin ils arrivèrent à la clairière du bois ils découvrirent que le froid les avait devancés et qu'un manteau de gel écrasait l'herbe.

Rebelle ne se souvenait plus combien de nuits il avait dormi sous les feuilles.

Et sa seule certitude était que le groupe d'escargots s'était réduit au moins de la moitié de ceux qui étaient partis du foyer abandonné sous les acanthes. Seuls les plus jeunes l'avaient suivi jusqu'au bout du chemin et, en étirant les petites cornes de leurs yeux, ils observaient le pré couvert de gel.

Au milieu du pré il y avait un gros tronc, peut-être un arbre abattu par la colère d'une tempête et lentement, très lentement ils se dirigèrent vers lui. Tandis qu'ils avançaient, Rebelle tournait la tête pour voir si ses compagnons le suivaient et le sillage de bave qu'ils laissaient lui fit penser que c'était la trace de la douleur.

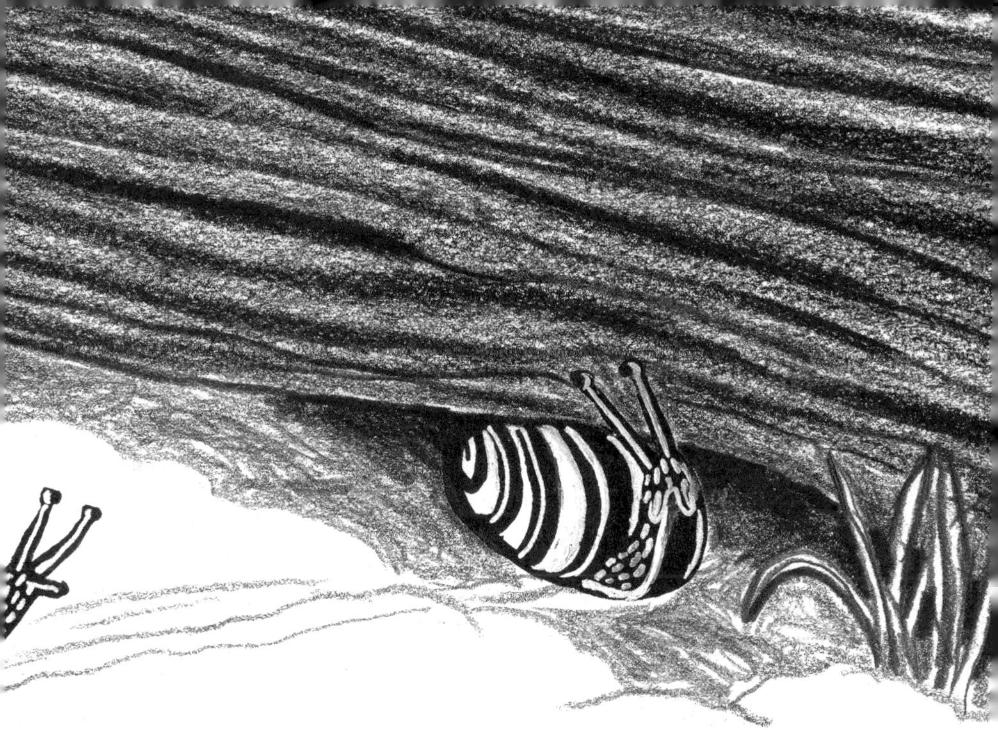

Le tronc leur apparut comme un magnifique refuge ; ils n'eurent pas de peine à se mettre dessous, et là, en plus de la pénombre et de la tiédeur nécessaire qui donne un sens à un foyer, poussaient quelques herbes qui n'avaient pas été écrasées et brûlées par le gel. Ce n'étaient pas des herbes délicieuses mais elles étaient nourrissantes et ils mangèrent lentement, très lentement, jusqu'à être rassasiés.

Ils se disposèrent à passer leur première nuit dans ce nouveau foyer, sans savoir s'il serait définitif ou s'il serait une étape pour se reposer avant d'aller plus loin. Avant de replier son corps dans sa coquille Rebelle observa le sillage de bave qui brillait sur le gel et pensa cette fois que c'était bien la trace de la douleur mais aussi de l'espoir et il appela ses compagnons pour regarder ce sillage et ne jamais l'oublier.

Le temps sans mesure des êtres lents des prés passa sous le gel, la neige et le froid qui les plongea dans la léthargie hivernale. Leurs corps ne consommaient d'énergie que pour respirer lentement, très lentement, pour faire battre leurs cœurs lentement, très lentement, et pour qu'ils grandissent aussi lentement, très lentement.

À la fin de ce temps sans mesure ils sortirent de leur léthargie et, en sortant leurs corps de leurs coquilles la première chose qu'ils virent ce fut Rebelle, qui regardait le pré avec les petites cornes de ses yeux. L'herbe se dressait accueillante, les premières fleurs des bois ouvraient leurs pétales, il y avait de la nourriture en abondance. Mais le regard de Rebelle se posait sur l'endroit qu'avait marqué leur sillage de bave.

– Regardez, murmura Rebelle.

Tout le long du sillage de bave, jusqu'aux premiers arbres du bois où il se perdait, poussaient des feuilles appétissantes de dent-de-lion.

– Tu as tenu ta promesse. Tu nous as amenés au Pays de la Dent-de-Lion, dit un escargot enthousiaste.

– Non, commença à susurrer Rebelle, non, je ne vous ai pas amenés, mais dans ce voyage qui a commencé lorsque j'ai voulu avoir un nom j'ai appris beaucoup de choses. J'ai appris l'importance de la lenteur et maintenant j'ai appris qu'à force d'être désiré, le Pays de la Dent-de-Lion était en nous-mêmes, finit de murmurer Rebelle et, lentement, très lentement, il s'en alla manger avec ses compagnons.

Göteborg, hiver 2012
Gijón, été 2013

Conception graphique VPC

Photogravure : IGS-CP (16)
Achevé d'imprimer sur les presses de Pollina à Luçon - L69771
N° d'édition : 16123001
Dépôt légal : octobre 2014